LA RÉVOLUTION DE FÉVRIER.

IMPRIMERIE ÉDOUARD PROUX ET Ce, RUE NEUVE-DES-BONS-ENFANS, 3.

LA
RÉVOLUTION

DE FÉVRIER,

PAR

M. ALFRED NETTEMENT.

—

PRIX : 2 FRANCS.

—

PARIS

AU BUREAU DE LA MODE, | CHEZ ÉDOUARD PROUX,
RUE DU HELDER, 25. | RUE NEUVE-DES-BONS-ENFANS, 3.

DENTU, PALAIS NATIONAL, GALERIE VITRÉE,
ET CHEZ LES PRINCIPAUX LIBRAIRES.

—

1848

LA

RÉVOLUTION DE FÉVRIER

PAR

M. ALFRED NETTEMENT.

Je demande la parole, ou plutôt, comme il convient dans les circonstances où nous sommes, je la prends. Je la prends, parce qu'il y a des choses utiles à dire, et qu'il faut bien que quelqu'un les dise. Je ne promets point d'être circonspect, encore moins d'épaissir les nuages sur les hommes et sur les choses. Mon intention, au contraire, est de crever cette nuée dans laquelle nous cheminons depuis ces derniers jours. Assez de prudence! le moment de la franchise est venu, la lumière est toujours bonne à quelque chose, ne fût-ce qu'à éclairer ceux qui veulent voir.

Depuis la révolution des **22**, **23** et **24** février, un nouveau genre de fictions a succédé aux fictions constitutionnelles auxquelles nous venons d'échapper, ce sont les fictions du langage de la presse. La pensée, comme doutant d'elle-même, s'enveloppe sous les plis d'un triple vêtement de circonlocutions et de métaphores. Sur toute la ligne, les vigies de la politique font des signaux de prudence. Les hardis vous murmurent à l'oreille : « Taisez-vous. » Les plus téméraires vous crient : « Parlez bas. » Les hommes modérés vous répètent en joignant les mains : « Attendez ! » Je ne veux pas me taire, parce que je crois qu'il y a quelque chose d'utile à dire ; je ne veux point parler bas, parce que, lorsqu'on parle, c'est ordinairement pour être entendu ; je ne veux point attendre, parce que dans les circonstances décisives où nous sommes, c'est chose irréparable qu'un moment perdu.

Je prie qu'on me permette de ne point placer, au début de ces courtes réflexions, l'inévitable panégyrique du courage des combattans de février. Ce courage, je lui rends justice, mais je trouve que dans l'espèce d'étonnement admiratif qu'on témoigne en en parlant, il y a une insulte pour la France. Est-ce chose si nouvelle dans notre histoire que le mépris du danger ? Serait-ce donc d'hier que, dans notre noble pays, on jette, sur le chemin, sa vie aux hasards de la bataille ? Nos pères furent-ils moins prodigues de leur sang sur les champs de bataille de la république ou de l'empire, à Arcole,

Marengo, Iéna, Austerlitz, Waterloo, ou sur ces champs de bataille de la Vendée, où de simples paysans conquéraient des canons avec leurs bâtons, quand le voiturier Cathelineau était généralissime des armées de l'Ouest, et que Henri de La Roche-jaquelein laissait, à vingt et un ans, le renom d'un grand homme de guerre, après avoir commencé sa carrière par cette immortelle harangue. « Si j'a-» vance, suivez-moi ; si je recule , tuez-moi ; si je » meurs, vengez-moi. » Nos pères n'étaient-ils pas eux-mêmes les fils des glorieux soldats de Fontenoy, qui, à leur tour, descendaient des vainqueurs de Rocroi, Senef, Nordlingen et Lens? De sorte qu'on remonte ainsi, de génération en génération, en trouvant partout des victoires. Ne montrons donc pas ces transports qui ne conviennent qu'aux parvenus de la gloire, et à ces affranchis de la veille, toujours étonnés d'eux-mêmes, parce qu'ils ont la conscience de leur faiblesse. Réservons un peu de notre admiration pour ce que nous ferons un jour, et montrons ainsi que nous ne nous croyons pas encore arrivés au terme de la carrière, quand nous y entrons à peine.

Il y a quelque chose de mieux que de louer le courage, c'est d'en montrer soi-même. Puisque le peuple est souverain, il faut lui payer un tribut plus utile que celui de la louange, le tribut de la vérité. C'est devant lui désormais que les hommes de cœur doivent paraître, la tête haute; les flatteurs des peuples, les flatteurs des rois, deux fléaux également funestes, deux pestes publiques qui conduisent les rois à la crise où Louis-Philippe vient de périr, les peuples à la servitude ou à la ruine! Aimons donc le peuple, mais ne le flattons pas. Nous nous devons d'ailleurs à nous-mêmes, tous tant que nous sommes, qui appartenons à ces classes intermédiaires, dont les prétendus représentans viennent de tomber d'une chute si lâche et si honteuse, de réhabiliter dans l'esprit du peuple, le caractère de cette bourgeoisie française qui n'a pas dégénéré au point de pactiser avec cette couardise. En face du courage militaire dont le peuple a fait preuve, montrons ce courage moral qui ne recule devant la manifestation d'aucune vérité utile. Il faut que le triste spectacle qui a été donné dans la salle du Palais-Bourbon, soit compensé par la fermeté de notre attitude. Ces pères conscrits, pâles et silencieux sur leurs chaises curules, et leur président désertant le fauteuil, pendant que l'insurrection élevait sa grande voix quelques fusils braqués sur cette chambre suffisant à la mettre en déroute, sans qu'un seul membre de la majorité fût tenté de mesurer la distance qu'il y a entre la mort et la poitrine d'un homme de cœur, voilà des images funestes qu'il faut effacer, parce qu'elles tendraient à persuader au peuple que la force matérielle est la suprême solution de tous les problèmes. Il faut qu'on sache bien que si la chambre de 1848 s'est montrée si faible et si pusillanime, à l'heure de la crise, c'est que le monopole et la corruption lui avaient gangrené le cœur. C'est pour entrer dans cette voie que nous nous sommes promis, dans cet écrit, de dire à tous, sur tous et sur toute chose la vérité, rien que la vérité, toute la vérité, comme si nous étions devant un tribunal.

Cet écrit a trois buts : Expliquer les événemens qui viennent de surprendre la France et l'Europe ; exposer avec franchise et netteté la situation actuelle des hommes et des choses ; dire quels sont les devoirs de tous, les dangers et les devoirs de l'ancien parti républicain, actuellement maître du pouvoir, et ceux du gouvernement provisoire envers le pays, les devoirs du pays envers lui-même.

En moins de trois jours, un ouragan populaire a balayé tout ce qui se trouvait à la surface du sol. La royauté fondée en juillet et les deux chambres ont disparu avec une rapidité inouïe. Les trois pouvoirs, comme on les appelait, atteints de la même impuissance, ont été enveloppés dans la même ruine. Il est impossible de ne pas être frappé ici de ce qu'il y a de providentiel dans l'ensemble de ces événemens, et on s'écrie involontairement : Le doigt de Dieu est là !

Louis-Philippe est chassé par le peuple à soixante-quatorze ans, à l'âge où le roi Charles X, son parent et son bienfaiteur, fut envoyé par lui dans l'exil. Le changement du ministère Guizot a été inutilement offert, comme l'avait été, en 1830, le changement du ministère de M. de Polignac ; l'abdication de Louis-Philippe comme roi, celle du duc de Nemours comme régent, ont été inutilement signées, comme l'avait été, en 1830, celle du roi Charles X et de M. le duc d'Angoulême ; la régence inutilement proposée en 1848, comme elle l'avait été en 1830, et la royauté d'un enfant, M. le comte de Paris, inutilement proclamée en 1848, comme l'avait été, en 1830, celle de Henri V, alors âgé de dix ans comme l'est aujourd'hui M. le comte de Paris. Chacune des concessions que fait Louis-Philippe, il ne la souscrit que lorsqu'il n'est plus temps, et le mot terrible qui trancha la destinée de la branche aînée, revient ici comme un de ces échos ironiques que les écueils renvoient aux voyageurs qui les interpellent : Il est trop tard ! Suivons plus loin cet étonnant parallèle. Où le roi Louis-Philippe détrôné et fugitif va-t-il d'abord se reposer, et quelle est la première étape de son exil ? Saint-Cloud, d'où partit le roi Charles X pour la terre étrangère. Sur quel rivage le chef de la branche cadette va-t-il demander un asile pour ses adversités ? sur le rivage d'Angleterre où la branche aînée vint d'abord chercher un refuge, de sorte que le navire qui emporte les destinées de la maison d'Orléans, recommence la route et renouvelle sur la mer le sillage depuis longtemps effacé du vaisseau qui, en 1830, emportait les destinées de la race de Louis XIV!

En présence de ce tableau providentiel écrit en caractères si clairs et si manifestes, l'esprit demeure étonné, le cœur ému, et l'on appréhende à la fois et l'on admire la justice de Dieu. Elle vient tardivement quelquefois, il est vrai, mais, vous le voyez, elle vient. Les habiles s'embarrassent dans leurs filets et se prennent aux piéges qu'ils ont eux-mêmes tendus. On croirait lire une magnifique page tombée du grand livre de la Providence dans notre histoire. Qu'est devenue cette habileté tant vantée? A quoi ont servi ces forces si redoutables auxquelles rien ne semblait pouvoir résister, ces bastilles, formidables sentinelles, qui veillaient autour de Paris prisonnier, ces nombreux rejetons qui semblaient devoir rendre la dynastie d'Orléans éternelle? Malgré tant de précautions, tant de finesses, tant de calculs, Louis-Philippe, qui avait une si haute idée de sa capacité politique et qui avait su inspirer cette idée aux cabinets étrangers, sort de Paris en fugitif, et se frappant la tête, il répète avec désespoir : « Comme Charles X ! comme Charles X ! »

Louis-Philippe, en s'assimilant ainsi au roi Charles X, ne s'humilie pas, il se flatte. Il y a l'infini entre la chute de 1830 et celle de 1848.

Nous croirions indigne de nous de ramasser une des pierres de Neuilly détruit et incendié, pour la jeter au front de cette famille, naguère encore si puissante, maintenant fugitive et exilée. Nous l'avons attaquée la bannière haute, à nos risques et périls, au temps de sa fortune; aujourd'hui qu'elle est à bas, son malheur lui est une plus sûre sauve-garde contre l'expression trop vive de notre légitime réprobation, que les requisitoires de ses procureurs du roi, les amendes de ses juges et le livre d'écrou de ses geôliers. C'est donc avec calme et modération que nous dirons ce qui rend la chute de la maison d'Orléans irréparable.

Ce qui rend cette chute irréparable, c'est que l'ingratitude qu'elle avait montrée envers la branche aînée, elle l'a montrée envers ceux qui l'avaient mise sur le trône, envers la France qui avait accepté son avénement comme la réalisation des promesses de l'opposition de quinze ans, envers le peuple qui, en combattant en juillet, avait espéré trouver quelqu'amélioration morale et matérielle à sa position. Oui, la famille d'Orléans a été doublement ingrate : Lafayette et Laffitte mourant dans la disgrâce, Arago et Dupont (de l'Eure) y vivant, les anciens combattans de juillet ensevelis au Mont-Saint-Michel, la France amoindrie en Europe, mise au pillage de la corruption et bâillonnée par les lois de septembre au dedans, le peuple jeté en dehors de la vie politique par le monopole électoral et traité comme un ilote, le disent aussi haut que Charles X mort dans l'exil, Madame, duchesse de Berry, prisonnière à Blaye, la fille de Louis XVI, demandant à Dieu, comme une grâce suprême, de reposer, après sa mort, dans cette terre de France où elle a si peu vécu, le comte de Chambord mangeant le pain amer de l'exil. La famille d'Orléans, pour monter au trône, avait mis d'abord le pied sur ses parens de la branche aînée qui l'avaient accablée de bienfaits; pour y rester, elle a cru qu'il fallait mettre le pied sur ceux qui lui avaient donné la couronne et sur la France.

C'est là ce qui explique la différence immense qui sépare la révolution de 1848 de la révolution de 1830.

En 1830, c'est un homme de juillet qui a dit cette parole, Charles X fut reconduit avec des gants blancs jusqu'à la frontière. C'était triste, mais beau et solennel comme un convoi funèbre. La garde fidèle du roi de France suivait le convoi en pleurant, les gardes-du-corps accompagnaient avec leurs drapeaux qu'ils ne remirent qu'à Cherbourg entre les mains de leur vieux monarque. Les officiers brisaient leurs épées, les magistrats descendaient de leur siége, les fonctionnaires renonçaient à leurs emplois : sur plusieurs points les populations pleurèrent, et Châteaubriant élevait sa grande voix, comme le glas funèbre de cette monarchie qui tombait. Malgré les passions du moment, un sentiment de justice disait à tous que si le roi Charles X, prince né sous l'ancien régime, mêlé au mouvement de l'émigration et mal conseillé, s'était trompé sur son temps et sur son pays, et avait commis de grandes fautes, c'était par une erreur de jugement et non par un vice de cœur. Ensuite, chacun devait reconnaître que s'il avait mal fait les affaires de la royauté en engageant un conflit aussi inutile qu'imprudent, la branche aînée avait bien fait les affaires de la France, à laquelle elle laissait une position puissante en Europe, une politique ferme et nationale qui venait de montrer son indépendance contre l'Angleterre, des finances dans un ordre admirable, le drapeau blanc planté sur les murailles d'Alger et prêt à s'avancer vers les limites du Rhin.

En 1848, le roi Louis-Philippe et sa famille se sont évadés, sans que personne songeât à les suivre, sans que personne aussi songeât à les poursuivre. Au lieu d'un convoi, c'est un déménagement. Ce prince, doublement ingrat envers la branche aînée et envers la France, n'a trouvé partout qu'ingratitude. Ceux qu'il regardait comme ses amis n'étaient que les amis de sa fortune ; ses prétendus serviteurs n'étaient que les serviteurs du budget. M. Séguier, le complimenteur des fêtes royales, va rendre la justice au nom de la république une et indivisible, et s'apprête à juger M. Guizot ; le Parquet du juste-milieu offre au gouvernement républicain ses services ; M. Bugeaud, qu'on appelait le maréchal des bastilles, met à la disposition de l'Hôtel-de-Ville son épée, et M. Dupin, le conseiller intime de la famille, propose d'effacer le nom du roi Louis-Philippe du protocole de la justice et de la rendre désormais au nom du peuple français. Pendant ce temps-là, la foule s'acharne contre les édifices qui ont appartenu à la famille d'Orléans, avec une colère dont rien n'approche, et on déclare ses biens propriétés nationales. C'est que chacun comprend qu'il y a eu chez Louis-Philippe plus qu'une erreur de jugement ; c'est que, fils de Philippe-Égalité, élevé dans la révolution de 89 et mêlé à son mouvement, créature de la révolution de 1830 et couronné par elle, il était dans d'autres conditions que le roi Charles X. En outre, après avoir reçu la France dans une position financière et politique admirable, il la laisse dans une position désastreuse à ce double point de vue ; avec des finances obérées par le système de la corruption et le gaspillage; avec une politique étrangère égoïste et anti-nationale, tour à tour anglaise et autrichienne, c'est à dire asservie aux deux intérêts les plus anti-français qui existent dans le monde.

Voilà la raison qui rend la chute de la famille d'Orléans irréparable, et la met au nombre de ces faits contre lesquels il n'y a pas de retour possible. C'est à la fois un acte de justice et de nécessité nationale. Il fallait que la maison d'Orléans tombât parce qu'elle avait mérité de tomber en manquant à ses promesses comme à ses devoirs; il fallait qu'elle tombât pour que la France vécût, c'est à dire pour qu'elle vécût comme France; encore quelque temps de cette politique, nous tombions dans la décadence et dans la banqueroute, comme le manifeste financier de M. Garnier-Pagès l'a prouvé; ce fait est acquis à l'histoire.

Chose remarquable! Les deux chambres qui avaient été les complices de son usurpation sur les droits nationaux et de son ingratitude envers la branche aînée, sont tombées avec elle. Le Palais-Bourbon a été envahi par une multitude armée; il a eu sa journée de Rambouillet. Une révolution l'avait investi de la toute puissance en 1830, une autre révolution l'a destitué en 1848. Au bout de dix-huit ans, l'Hôtel-de-Ville a eu sa revanche contre le Palais-Bourbon ; une voix a crié : «Voici le peuple, » et la chambre du monopole n'ayant pu répondre : « Je suis la nation, » s'est dissipée comme la fumée. Quant à la chambre des pairs, on s'est contenté d'apposer sur la salle des séances cette simple affiche : « Il est défendu à MM. les pairs de se réunir. » Tout a été dit, la chambre des pairs s'est trouvée rayée du livre des vivans politiques, et à l'heure où nous parlons, M. Barbès, qu'elle avait envoyé au Mont-Saint-Michel, est gouverneur du Palais du Luxembourg, et, dans la salle de ses audiences où elle condamna MM. de Kergorlay et de Genoude qui avaient revendiqué les droits de la France, et les accusés d'avril et tous les accusés politiques de la démocratie, M. Louis Blanc vient d'ouvrir les séances de la commission des travailleurs.

Ainsi la pairie et la chambre des députés ont été entraînées, après dix-huit ans, dans la ruine de la royauté qu'elles avaient proscrite ou laissé proscrire. Leur déchéance a suivi la déchéance royale. La clé de voute de l'édifice était tombée, les murailles, ébranlées jusque dans leur fondement, n'ont pu tenir, et quand le bélier populaire est venu heurter aux portes de ce monument vermoulu, les restes du gouvernement représentatif se sont écroulés, avec cette royauté postiche qu'on avait substituée, après les évènemens de

1830, à l'ancienne royauté française, tombée le 29 juillet par le vice de l'établissement de 1814.

Il importe ici d'indiquer d'une manière claire et précise les causes de cette révolution de février si soudaine et qui cependant se déduit si logiquement de la situation. La connaissance exacte de ces causes est essentielle, parce qu'il faut prendre des lumières dans le passé pour éclairer le présent et l'avenir. Le gouvernement qui vient de tomber, était le jouet d'une singulière illusion ; trompé par l'exemple de Charles X, tombé sur une question de conflit avec la majorité, et pensant sans doute qu'on ne pouvait tomber que d'une manière ; il s'était imaginé qu'un gouvernement qui avait ses papiers en règle au point de vue des fictions constitutionnelles, c'est à dire qui avait une majorité dans la chambre des pairs nommée, non au mérite, mais à la faveur, et dans une chambre des députés élue par deux cent mille censitaires seulement, et dans des élections faussées par l'intrigue, la corruption, la vénalité et la fraude, était indestructible. Il était convaincu que la forme l'emporterait éternellement sur le fonds, et que la France se contenterait toujours de cette réponse insolente de M. Duchâtel qui, lorsqu'on prenait le gouvernement dàns le flagrant délit de sa politique frauduleuse, corruptrice et anti-nationale, croyait avoir tout dit quand il avait répondu : « Nous avons la majorité , » comme un joueur qui, après avoir bizauté les cartes, répondrait aux réclamations de son adversaire : « J'ai le roi et quatre atouts. » Il ne croyait pas ce que les esprits clairvoyans ne cessaient d'annoncer, qu'un jour ou l'autre, le peuple, las de cette odieuse comédie, se lèverait et renverserait la table sur les joueurs du parlement. La majorité aveugle qu'il avait recrutée, partageait son illusion. Attablée au grand banquet du budget, elle dévorait la fortune de la France, et tournant en risée les avertissemens de ceux qui écrivaient la sentence de Dieu sur les murailles de la salle de ces autres Balthasar, elle leur jetait les noms d'*aveugles* ou d'*ennemis.*

Le gouvernement parlementaire n'était donc plus qu'un gigantesque tour de gobelet, à l'aide duquel un roi élu, disait-on, par le vœu national, dirigeait toute la politique contre l'intérêt de la nation, dans le sens égoïste de ses intérêts personnels, grâce à la complicité des électeurs qui vendaient leurs votes pour des emplois salariés, et à la complicité d'une chambre du monopole qui, mue par de honteux appétits, vendait sa conscience au gouvernement. La France était mise en oubli par ces deux égoïsmes coalisés, l'égoïsme dynastique de Louis-Philippe, l'égoïsme de la majorité électorale et parlementaire qui se déclarait satisfaite parce qu'elle était assouvie. Depuis la révolution de 1830, en effet, qu'ont-ils fait pour les intérêts généraux de la France? qu'ont-ils fait pour l'amélioration du sort des classes laborieuses? que sont devenues la prospérité de nos finances, notre influence au dehors, nos plus précieuses libertés au dedans? Un de leurs amis politiques leur a répondu : ils n'ont rien fait. Ils ont humilié notre dignité nationale, immolé nos intérêts extérieurs sur toutes nos frontières, et, après avoir été lâches dans toutes les questions où l'intérêt national était engagé, ils ont été téméraires dans la question espagnole, parce que là un intérêt de cupidité et d'orgueil dynastique était en jeu. Ils ont porté notre budget de neuf cent soixante millions à seize cents millions; et ils ont employé ces impôts que la nation française payait à la sueur de son front, à acheter, de ses prétendus représentans, le droit de la ruiner, de la déshonorer et de la courber sous le joug de l'arbitraire le plus lourd qui ait pesé sur un grand peuple.

Quand cette situation est devenue claire pour tous, cette masse immense qu'on désigne improprement sous le nom de classe moyenne, car elle descend dans les profondeurs du peuple et elle arrive jusqu'à ceux qu'on désignait comme composant ce qu'on appelait autrefois les hautes classes, cette masse immense s'est détachée peu à peu du gouvernement. Ça été, depuis ces dernières années, un travail lent mais continu. Il a fallu, sur beaucoup de points, dissoudre la garde nationale, cette grande armée de l'ordre public ; à Paris, il a fallu éviter de la convoquer à des revues. Ce gouvernement en démence croyait sans doute qu'en empêchant les sentimens dont la garde nationale était animée, de se produire au grand jour, il changeait ses sentimens ou il diminuait leur puissance. Insensé qui redoutait le bruit de la réprobation publique, au lieu d'appréhender cette réprobation même ! Aveugle qui qui s'imaginait, comme cet animal imbécile qui cache sa tête quand on le poursuit, qu'en cachant à ses propres yeux et aux yeux des autres le péril, il l'empêcherait d'exister !

Pendant qu'il suivait cette route fatale, deux ordres de faits éclataient, qui devaient précipiter le mouvement. D'abord, les gouffres de la corruption s'ouvraient et laissaient échapper une odeur méphytique qui révélait les amas de pourriture qu'une longue corruption avait accumulés dans les profondeurs du gouvernement. Le procès Teste, pour ne citer que l'affaire principale qui résume le sens de tous ces procès qui se sont succédé avec une déplorable continuité, la séance de l'année passée, où M. Emile de Girardin interpella M. Duchâtel, celle de cette année, où M. Guizot a vu évoquer contre lui les honteuses transactions de l'affaire Petit, ont permis à tous les regards de sonder les sentines de la politique du juste-milieu. D'un autre côté, l'opposition parlementaire, mise imprudemment au défi de trouver des sympathies pour la réforme dans les populations, a convoqué les banquets réformistes dans lesquels elle a dénoncé, avec des paroles ardentes, à l'indignation publique les torts du gouvernement et de la majorité. De sorte que la désaffection des classes moyennes s'est partout changée en mépris, et que les haines populaires contre un gouvernement, mis ainsi au pilori de l'opinion par ses anciens amis, ont pris de formidables accroissemens.

Nous avons promis de dire la vérité à tous. Ici le moment est venu de signaler une faute capitale de l'opposition parlementaire, non par esprit de dénigrement, mais parce que cette faute a exercé une grande influence sur le dénouement des journées de février.

L'opposition parlementaire, en donnant une vive impulsion à l'indignation publique, n'ouvrit pas une voie régulière et légale à cette indignation. Forte dans les paroles, elle demeura faible dans l'action. Après avoir révélé, dans toute leur profondeur, les blessures que l'égoïsme dynastique et la corruption, née du monopole électoral, avaient faites à la France, elle se borna à proposer un vain palliatif, la demi-réforme parlementaire de M. de Rémusat, et le semblant de réforme élec-torale de M. Duvergier de Hauranne, dont l'unique résultat eût été de grossir de quelques milliers d'électeurs le monopole électoral, usurpateur des droits de la nation. En agissant ainsi, l'opposition parlementaire commettait deux fautes graves ; elle excitait un mouvement sans être en mesure de lui offrir une carrière assez large et une satisfaction suffisante ; elle affaiblissait le gouvernement, sans fortifier l'opposition : de sorte qu'il était indiqué que si le mouvement prenait tout à coup, comme il arrive si souvent en France, des allures plus vives, il échapperait complètement à l'opposition parlementaire. C'est le sentiment de cette vérité qui avait porté quelques hommes, au nombre desquels il nous est permis de nous placer, à offrir une action régulière à l'indignation nationale, en mettant en avant la question du refus de l'impôt (1). Nous compre-

(1) Voici ce que nous disions dans l'*Appel aux Royalistes contre la division des opinions*, publié en janvier 1844 : « S'il y avait besoin d'une force coërcitive, MM. Barthe, Dupin, Persil, Mérilhou, Isambert, Bernard (de Rennes), ont pris soin en 1830, d'établir en quel cas une société peut légalement refuser l'impôt, et il n'y a pas de dictature au monde qui devant une pareille manifestation, ne soit obligée de bientôt rendre son épée. Il

nions que, si la revendication de la réforme n'avait pas une sanction ; que si, à côté de l'opinion réformiste, il n'y avait pas une action réformiste, les passions émues mépriseraient cette opposition purement théorique et par conséquent impuissante, et en appelleraient à la force matérielle. Voilà pourquoi l'introduction de la question du refus d'impôt dans la polémique, nous paraissait un acte de prudence, tandis qu'elle apparaissait à d'autres personnes également bien intentionnées, avec tous les caractères d'un acte de témérité. L'évènement a décidé entre ces deux opinions.

Aux deux fautes que l'opposition parlementaire avait commises, et qui prenaient un caractère de gravité, plus marqué encore de la mauvaise situation où elle s'était placée, dans le pays, par sa longue faiblesse pour l'intérêt dynastique, devant lequel elle s'était toujours arrêtée quand il s'agissait d'obtenir satisfaction pour les intérêts nationaux, vint s'ajouter une dernière faute qui enleva à l'opposition parlementaire le reste de son prestige et de son autorité. Après s'être avancée très loin dans la querelle avec le gouvernement, au sujet du banquet du 12ᵉ arrondissement, elle recula,

ne s'agit pas de prendre ici une mesure facultative pour faire avancer sur la route du progrès une société bien réglée, il s'agit de prévenir par une mesure nécessaire la crise dangereuse qui menace une société en état de révolution.

quand le moment de l'action fut venu, devant une menace de M. Duchâtel. Elle ne comprit pas qu'au point où elle avait mené les choses, on ne pouvait modérer ou diriger le mouvement qu'en marchant en tête, et que reculer, c'était abdiquer. Elle donna ainsi à tous la conviction qu'il n'y avait pas à compter sur elle, et elle acheva de perdre la dernière force qui peut servir, en temps de révolution, à prévenir les secousses violentes et les catastrophes, la popularité de l'opposition.

Voici donc où en étaient les choses, la veille des journées de février : le pouvoir ne reposant plus que sur la force matérielle et sur les fictions constitutionnelles auxquelles la nation avait ôté toute vie en se retirant ; les classes populaires et les classes moyennes indignées, dégoûtées, détachées du gouvernement, la garde nationale mécontente et hostile, l'opposition parlementaire peu populaire et décréditée. L'explication de la révolution de février est là toute entière. Sans doute, si le ministère avait eu la sagesse d'éviter un choc, on pouvait encore aller longtemps ainsi. Mais le gouvernement marchait, un bandeau sur les yeux, vers les abîmes où le doigt de Dieu avait marqué sa chute. En voulant, contre l'esprit et le texte de toutes les lois, interdire le banquet du douzième arrondissement, il provoquait lui-même cette occasion d'un choc qu'il aurait dû éviter à tout prix. Le gouvernement agissait toujours en vertu de l'argument favori de M. Duchâtel ; il avait la majorité, et par conséquent un budget de seize cents millions, et une nombreuse armée. Que lui manquait-il donc ? Rien absolument, rien, sinon la France (1).

Après les causes fondamentales, viennent les causes accessoires.

Dès la première journée, çelle du mardi, Louis-Philippe commet une faute irréparable ; il ne convoque pas la garde nationale. Il ne pouvait arguer de ce qu'il ne prévoyait pas de troubles pour cette journée ; il en prévoyait si bien qu'il avait fait afficher, la veille, sur toutes les murailles, la loi contre les attroupemens, et qu'il avait réuni à Paris toute une armée. D'où vient donc que la garde nationale, instituée surtout pour prévenir ou calmer les troubles civils, n'avait pas été convoquée ? A cette question il n'y a qu'une réponse

(1) Ceci répond à une parole que Louis-Philippe a prononcée en Angleterre : « Charles X a été renversé pour avoir violé la charte, moi j'ai été renversé pour avoir voulu la défendre. » La vérité, c'est que Louis-Philippe avait agi comme ces procureurs subtils qui s'entendent à étouffer le bon droit dans les ambages de la procédure. Il se servait des institutions fondées par la charte pour violer les grands principes que la charte avait proclamés. La charte disait bien qu'on gouvernerait avec la majorité, mais elle ne disait pas qu'on corromprait la majorité pour obtenir d'elle l'immolation des intérêts généraux.

possible, c'est que le gouvernement avait appréhendé que la garde nationale, tout en faisant son devoir, ne manifestât les sentimens dont elle était animée en faveur de la réforme et contre le système personnel de Louis-Philippe que représentait M. Guizot. Certes, cette appréhension était motivée, mais Louis-Philippe faisait donc passer l'intérêt de l'ordre public après un intérêt de vanité et d'entêtement. Convoquée, le mercredi matin, la garde nationale arrive peu nombreuse et elle arrive avec ce grief de plus contre le gouvernement ; elle se place, partout où on l'envoie, entre les troupes et la population, dans plusieurs endroits elle croise la baïonnette contre la cavalerie, et la force militaire se trouve ainsi paralysée, car on avait prévu de tout temps que la troupe n'engagerait pas le combat sans le concours de la garde nationale, encore moins contre la garde nationale. Jusque-là le cri de réforme a été seul prononcé. Cette attitude de la garde nationale décidée évidemment à livrer le ministère Guizot, ainsi que le système de la pensée immuable, et à obtenir la réforme, paralyse la troupe et elle encourage le parti républicain. Cependant, jusque dans l'aprèsmidi du mercredi, les choses ne semblent point devoir arriver à l'extrême. M. Guizot conserve son assurance à la chambre ; il demande que l'acte d'accusation déposé par M. Odilon Barrot et soixante membres de la minorité, soit mis à l'ordre du jour des bureaux, il annonce, non qu'un ministère Molé est formé, mais seulement que Louis-Philippe est en conférence avec M. Molé pour composer un nouveau ministère, en ajoutant que provisoirement le ministère Guizot continue à gérer les affaires et qu'il est prêt à répondre à toutes les interpellations.

Ainsi l'attitude de la garde nationale n'avait point encore ouvert les yeux de Louis-Philippe ! Il marchandait encore avec l'opposition parlementaire, quand une étincelle pouvait allumer un incendie ; il croyait aller trop loin en allant jusqu'à MM. Thiers et Odilon Barrot, quand on était sur le penchant d'une révolution ! Nul doute que M. Odilon Barrot, allant publiquement prendre possession des affaires étrangères dans la journée de mercredi et faisant annoncer dans Paris la dissolution de la chambre et la convocation d'une chambre nouvelle appelée à donner une réforme large et satisfaisante à la Nation, n'eût eu la garde nationale tout entière et la presqu'unanimité de la population avec lui, et n'eût été le maître de la situation qui se serait ainsi pacifiquement dénouée par l'intervention de la France régulièrement consultée. Ceux qui savent le prix des minutes, en temps de révolution, n'en douteront pas un moment. Mais cette journée de mercredi s'étant écoulée en pourparlers stériles, la garde nationale conserva son attitude menaçante et ses dispositions hostiles, l'agitation publique continua et l'on arriva au tragique événement qui devait exercer une si grande influence sur le dénouement de ces journées.

Ce fut à partir de la décharge de l'hôtel des Capucines qui, dans la soirée du mercredi, mit à terre un grand nombre de spectateurs curieux et inoffensifs, que la physionomie de Paris changea. Le parti démocratique extrême comprit quelle indignation, ce déplorable évènement allait exciter dans Paris, et il descendit résolument avec ses sections organisées dans la rue, décidé à pousser le mouvement à ses dernières conséquences. Il promena dans la capitale, à la lueur des torches, ce tombereau de cadavres qui devint le drapeau de l'insurrection. Ce sang, ces blessures ouvertes, ces visages livides parlèrent. Pendant la nuit, le tocsin sonna, en appelant avec sa voix lugubre les citoyens indignés aux armes. Une de ces colères inexprimables qui brisent les gouvernemens, s'alluma au cœur de la population parisienne ; les femmes elles-mêmes poussaient leurs maris au combat. La garde nationale qui, le mercredi, avait abandonné le ministère et le système aux assaillans, était préparée, le jeudi matin, à abandonner Louis-Philippe ; bien plus, un grand nombre de gardes nationaux se mêlèrent aux colonnes qui attaquèrent le Palais-Royal et les Tuileries, et contribuèrent puissamment à décider la victoire, en imposant aux troupes nombreuses qui remplissaient le Carrousel.

Les perpétuelles hésitations de Louis-Philippe, sa défaillance dans cette heure suprême, celle de ses fils, le retard qu'il mit à nommer le ministère Barrot qui était encore en voie de formation, quand il aurait fallu qu'il parlât, qu'il agît, son abdication tardive, la panique de la chambre qui, prise du mal de la peur pendant que MM. de Genoude, Lamartine, Crémieux, Larochejaquelein, Ledru-Rollin parlaient, se sauva devant la colonne armée qui avait envahi la salle du palais Bourbon et emporta dans sa fuite la régence de la duchesse d'Orléans, voilà les causes qui firent le reste. Dans ces momens critiques, tout est donné à l'audace. Pendant que Louis-Philippe prenait la fuite, que la chambre docile cette fois, répondait au sauve qui peut parlementaire de son président M. Sauzet, et s'évadait devant ce dix-huit brumaire populaire, le petit nombre d'hommes armés qui avaient pénétré au palais Bourbon, nommait tumultueusement un gouvernement provisoire. Ce gouvernement, composé originairement de sept députés, avait été formé en présence d'un certain nombre de députés qui

ne participèrent pas à sa formation, mais qui y as-
sistèrent. Cette circonstance suffit pour donner
à son origine la double autorité morale de l'investiture parlementaire et populaire (1). Il se
plaçait à peu près dans la même position que
M. le duc d'Orléans, en juillet 1830, lorsqu'il
se présentait aux uns comme nommé lieutenant-
général du royaume par la chambre, aux autres
comme appelé aux mêmes fonctions par Charles X.
Il se trouvait avoir cette origine mixte qui est une
force dans les circonstances de ce genre, parce
que ceux à qui l'une de ces origines déplaît, s'at-
tachent à l'autre. Son véritable titre, c'étaient
l'urgence et la nécessité de pourvoir à la situation.

Ainsi s'accomplit cette révolution dont on peut
dire, comme de la révolution romaine dont parle
Tacite : un petit nombre la firent, un plus grand
nombre la voulurent, tous la permirent. Au fond
ce fut la désaffection et le mépris de la France, et
l'abandon de la garde nationale qui renversèrent la
dynastie, parce que ce fut cette désaffection, ce
mépris et cet abandon qui rendirent son renverse-

(1) Voici les termes de la première proclamation insérée au
Moniteur du 25 février : « Un gouvernement provisoire sorti
d'acclamation et d'urgence par la voix du peuple et des députés
des départemens dans la séance du 24 février, est investi mo-
mentanément du soin d'assurer et d'organiser la position du
peuple. »

ment possible. L'attitude de la garde nationale ôta l'armée au gouvernement qui, n'étant plus défendu que faiblement et partiellement par la troupe, pût être mis à bas par les assaillans conduits par le parti démocratique que la lâcheté du gouvernement favorisa. L'arbre tomba sous la commotion de février, mais il était déraciné depuis long-temps.

Il devait sortir de cette situation un résultat qu'il est permis de croire que la garde nationale n'avait pas prévu. Cette révolution faite aux cris de *vive la réforme* aboutit à la république, parce que la majorité parlementaire ayant pris la fuite, et l'opposition parlementaire étant, comme nous l'avons dit, discréditée, il ne restait plus de force intermédiaire entre le gouvernement tombé et le parti démocratique qui avait conduit l'indignation populaire au combat. Le gouvernement provisoire se trouva donc en puissance de démocratie. Il n'y avait plus, comme en juillet, de Palais-Bourbon pour tempérer l'Hôtel-de-Ville. L'armée était moralement dissoute, la garde nationale s'était montrée collectivement plutôt comme une force passive, que comme une force active ; elle avait livré le gouvernement plus qu'elle ne l'avait abattu, et sa volonté ne s'était point manifestée pendant la crise. Le gouvernement provisoire cherchait un point d'appui, il ne trouva d'organisé que le parti démocratique, et, en s'appuyant sur lui, il se trouva porté d'un seul bond à la république que ce parti voulait inaugurer, comme l'idéal de ses rêves. Le 25 février, Paris apprit, non sans quelque surprise, que la république une et indivisible, que la veille tout le monde déclarait impossible et qu'une imperceptible minorité appelait, venait d'être proclamée par le gouvernement provisoire, sauf la ratification de la France. C'est à dire que le gouvernement provisoire, au lieu de consulter la nation sur ce qu'il y avait à faire, commençait par préjuger, en son nom, la forme de gouvernement qui lui convenait, sauf à la consulter tardivement sur ce qu'il avait fait sans son avis.

Je sais ce qu'on a dit et je connais les bruits qui ont couru à ce sujet. Il y avait urgence, nécessité, force majeure; si le gouvernement provisoire n'avait point cédé à des vœux impérieusement exprimés, c'en était fait de la paix publique. Ces argumens me laissent des doutes sérieux. Certes, il y aurait de l'injustice à demander aux hommes placés dans les conditions ordinaires de la vie, cet héroïsme civil qui oppose, à la force matérielle, la majesté désarmée du droit. Mais on peut se montrer plus exigeant envers des hommes qui comptent assez sur eux-mêmes pour prendre, dans des circonstances difficiles, une véritable dictature. Il faut que les idées et que les sentimens de ces hommes soient au niveau de la mission qu'ils se donnent. Puisque c'est au nom de la nation qu'ils agissent et qu'ils parlent, la grande âme de la nation doit respirer dans leurs actes, la grande voix de la nation doit retentir dans leur sein. C'eût été un beau spectacle ; au sortir de cette révolution, que de voir sept hommes, sans puissance matérielle, opposer aux exigences dont ils étaient assaillis, le droit imprescriptible de la Nation absente de décider seule de ses destinées. Il n'étaient que sept, il est vrai, mais ils avaient derrière eux la France. Si le danger était aussi sérieux qu'on le dit, ils ont laissé échapper l'occasion d'une mort magnifique et vraiment antique qu'ils ne retrouveront pas. Si, comme nous le croyons, ils se sont exagéré le danger, ils ont, par leur empressement, compliqué une situation simple et admirablement claire. Une fois entrés dans cette voie, en effet, ils ont été rapidement entraînés à y faire, chaque jour de nouveaux pas. Le parti républicain organisé les dominant en vertu de cette première concession, les a jetés dans des mesures de plus en plus significatives qui ont resserré leurs liens avec cette république qu'ils ont établie en fait, sans attendre la convocation de la Nation qui peut seul l'établir en droit.

Nous croyons qu'il eût été possible d'échapper à ces injonctions, et de maintenir le droit absolu de la Nation de régler ses destinées, en refusant la première concession demandée, parce qu'en définitive le parti républicain qui, en mettant en avant des hommes d'ordre comme MM. de Lamartine, Arago, Dupont (de l'Eure), Crémieux, Marie, Garnier-Pagès, etc., a voulu faire accepter le gouvernement provisoire par la France, savait très bien que l'acceptation de la France et celle de la garde nationale de Paris n'auraient pas été obtenues, si on leur avait offert des noms moins rassurans, et que la moindre violence contre ces hommes eût été le signal d'un mouvement d'opinion dans la garde nationale de Paris et dans toute la France, qui eût arrêté court le parti démocratique et annihilé, dans ses mains, les fruits de son triomphe. Si c'est par défaut de caractère que le gouvernement provisoire a agi avec tant de précipitation, c'est une faute ; si c'est par erreur de jugement et parce qu'il partageait la conviction de ceux qui pensaient que la république devait être immédiatement proclamée, sauf à consulter la France après avoir agi, sans son aveu, c'est une faute encore. Dans l'intérêt de la république elle-même, il eût mieux valu attendre le vœu de la France formellement exprimé ; quand on est sûr d'avoir pour soi la décision de la nation, on ne la prévient pas ; quand on la prévient, on donne à croire qu'on appréhende de voir la nation prononcer contre soi.

Certes, il ne faut pas méconnaître les services et le dévouement du gouvernement provisoire, sans se les exagérer cependant avec la reconnaissance de la peur. Il a beaucoup fait, un peu trop peut-être, car il est descendu, dans les détails, à l'infiniment petit, et, dans sa passion réglementaire, il a justifié souvent le reproche de ceux qui l'accusent de jouer au gouvernement. Il n'a pas fait de miracles, sans doute, Dieu seul en fait ; mais il s'est servi des élémens admirables que la France lui offrait. Il a proclamé des principes d'une haute portée, il a manifesté des sentimens honnêtes, des idées élevées ; il a pourvu aux circonstances les plus pressantes, il a bravement mis à nu la situation de nos finances, et il a pris des mesures administratives qui ont contribué au rétablissement de l'ordre. Nous ne disons pas qu'il a rétabli l'ordre matériel, l'ordre s'est rétabli de lui-même par la puissance des intérêts d'ordre dans ce pays, puissance qui est telle que le désordre ne peut se prolonger au delà quelques jours. Comment veut-on que l'ordre périsse dans une ville, où, le lendemain de la crise de février, la garde nationale de Paris se trouvait portée de soixante mille homme à cent cinquante mille (1),

(1) C'était une chose curieuse que l'aspect de Paris, dans

et où les combattans de février se mêlaient aux rangs de la milice civique pour défendre l'ordre, nous disaient-ils, comme ils avaient défendu la liberté? Comment veut-on que la paix publique soit long-temps troublée dans un pays où il n'y a plus de partis dès qu'elle est menacée, et où toutes les opinions, d'un bout de la contrée à l'autre, prêtent main forte au pouvoir de circonstance qui se présente comme déterminé à la protéger? Le gouvernement provisoire a eu la France entière pour second, dès qu'il a manifesté l'intention de rétablir ou de maintenir l'ordre matériel, et, avec un pareil second, le succès devient facile. Rendons-lui encore cette justice : tout en proclamant définitivement la république, le gouvernement provisoire a réservé, par une généreuse inconséquence, le droit de la France, convoquée en assemblée générale, de régler souverainement ses destinées. Sans doute il a rendu sa tâche moins facile, son initiative moins libre, en inaugurant d'avance la république sur la table rase que les journées de février avaient faite, et sur laquelle la main seule de la nation devait être

les premières nuits qui ont suivi la dernière révolution. On peut dire que la garde nationale occupait militairement la ville. Les patrouilles se succédaient plus multipliées que dans une place assiégée. Au poste de la pointe Saint-Eustache, plus de soixante-quinze patrouilles se sont présentées en une nuit.

appelée à construire un nouveau monument ; mais cependant, il a proclamé le droit, il a maintenu, en principe, la souveraineté de la France.

Quand il s'agit de présenter à côté de ces éloges de justes critiques, nous sommes naturellement amenés à parler du parti républicain, proprement dit, et au parti républicain : c'est ce parti, en effet, qui a presque toujours entraîné le gouvernement provisoire à ses actes extrêmes, soit par l'influence de ses membres les plus avancés, soit par la pression extérieure qu'il a exercée sur lui. Nous avons eu avec ce parti une longue communauté d'opposition. Placés, comme lui, en dehors du cercle dynastique, nous avons porté avec lui le poids et la chaleur de cette journée de dix-huit ans, pendant laquelle nous avons combattu, côte à côte, une politique corruptrice, anti-nationale, hypocrite et liberticide. Nos noms se lisent à côté des noms de ses membres sur les écrous des geôles du gouvernement de Louis-Philippe. Les amendes de nos journaux sont tombées avec les amendes des siens dans les gouffres du fisc. Nos Vendéens de 1832 entraient aux bagnes purifiés par leur présence, pendant que ses combattans de juin étaient déportés au Mont-Saint-Michel, dont ils enduraient courageusement les tortures pour leur opinion. Il y a eu entre plusieurs d'entre eux et plusieurs d'entre nous la camaraderie de la prison, aussi sainte que la camaraderie du bivouac, et la fraternité du malheur. Nous avons admiré le plus brillant de leurs écrivains, l'honorable Carrel, et nous avons pleuré en lui l'homme de cœur et le publiciste éminent qui élevait le niveau de la presse par la noblesse de son caractère et la virilité de son talent. Nous avons sympathisé avec les souffrances de ses victimes, et souvent nos feuilles périodiques ont retenti de réclamations et de protestations contre les tortures auxquelles Barbès, Dupoty et leurs compagnons d'infortune étaient en butte, dans les geôles du gouvernement de Louis-Philippe. Nous rappelons tous ces souvenirs, non pour autoriser les paroles que nous allons adresser aux anciens membres du parti républicain ; nous exerçons un droit en leur parlant, et l'exercice d'un droit n'a pas besoin de chercher d'excuse : mais nous les rappelons pour que ces paroles fassent plus d'impression sur leur esprit, comme leur étant adressées par des hommes qui ont pour eux des dispositions bien plus bienveillantes et amies qu'hostiles. La révolution de février nous prédispose encore à cette bienveillance ; elle nous est apparue, pour ce pays, comme une délivrance inespérée. Certes, nous regrettons profondément, comme il convient à des hommes d'ordre, qu'une crise soit devenue nécessaire, et nous déplorons les malheurs insépa-

rables de cette crise, c'est à dire un désordre mo-
mentané, l'ébranlement du crédit, la baisse des
fonds publics, et les naufrages commerciaux et
industriels des maisons les plus solides et les
mieux établies. Nous aurions préféré que l'on ar-
rivât au but par des voies régulières et pacifiques,
et il n'a pas tenu à nous que l'opposition entrât
dans ces voies en montrant qu'elle avait des moyens
efficaces pour contraindre le pouvoir à donner
satisfaction au pays. Français, nous regrettons que
le sang français ait encore rougi le pavé de nos
rues. Nous pleurons les morts, de quelque côté
qu'ils soient, du côté des citoyens qui sont tombés
en combattant un gouvernement de corruption et
d'arbitraire, du côté des soldats qui, engagés dans
une lutte fatale par ce gouvernement coupable,
sont tombés victimes de l'honneur militaire, et
nous déplorons l'humiliation qu'a subie l'uniforme
et l'affaiblissement de l'esprit de l'armée, une des
sauvegardes du territoire. Mais enfin, quelles
qu'aient été les conséquences de cette crise, il
faut les accepter, car elle était nécessaire. Nous
allions, par nos finances, à la banqueroute; par
notre politique étrangère, à la décadence; par la
corruption, à la dissolution de la société. Une
crise qui fait souffrir mais qui sauve, vaut mieux
que la gangrène qui endort la souffrance et qui
tue. Depuis que ce gouvernement, doublement

parjure, doublement usurpateur, parjure et usurpateur au point de vue du principe monarchique,
comme au point de vue du principe national, a été
emporté par l'ouragan populaire, nos poitrines di-
latées respirent plus librement, comme affranchies
du poids écrasant d'un cauchemar de dix-huit
années. Loin d'être mécontens de notre nouvelle
position, nous en sommes satisfaits. Nous n'avons
plus en face de nous que la France,

C'est précisément parce que nous avons eu des
sympathies pour le parti républicain pendant
qu'il cheminait au milieu des luttes laborieuses et
des épreuves de l'opposition, que nous devons à
son triomphe la vérité que personne ne lui dit. Il
ne faut pas qu'il se nourrisse d'illusions ; les illusions sont mortelles en politiques. Déjà on lui
fait respirer cet encens des cours qui asphyxie
les intelligences démocratiques comme les intelligences royales ; car tout parti qui a le pouvoir de laisser, de donner ou d'ôter les places, a
bientôt une cour. Les uns par crainte, les autres
par ambition, le flattent et le trompent. Nous n'a-
vons rien à demander que pour la France. Nous ne
connaissons pas la crainte quand il s'agit de remplir un devoir : nos avertissemens peuvent donc
lui être utiles.

Il importe que la bonne fortune de son triomphe n'abuse pas l'ancien parti républicain sur

l'état réel des choses. Jusqu'à ce que la France ait prononcé, en connaissance de causes, l'établissement de la république dans ce pays n'est que le résultat d'une surprise, une concession faite aux exigences du lieu et du moment. Pour connaître sa véritable position, ce n'est pas le lendemain d'une victoire inespérée, amenée par un concours de circonstances que nous avons exposées et expliquées, qu'il faut se compter, c'est la veille. Or, un journal, qui était républicain sous Louis-Philippe (1), l'a fait observer avec autant de bon sens que de bon goût : la veille de la révolution de février, les républicains étaient aussi rares et aussi clairsemés en France qu'ils semblent nombreux aujourd'hui. Tout le monde veut l'être à présent, parce qu'il y a le butin de la victoire à partager ; personne ne voulait l'être alors. Ceci mérite réflexion. Il faudrait penser que la couronne de la victoire tombe quelquefois sur les yeux tout comme les autres couronnes, si le parti républicain s'imaginait trouver une force auxiliaire dans les recrues qui lui viennent de tout côté et les adhésions qu'il reçoit à Paris et dans les départemens. Ces fonctionnaires qui adhèrent à la république reçoivent d'elle plus qu'ils ne lui donnent. Qui ne voit qu'ils adhèrent

(1) *La Réforme.*

à la république comme ils adhéreraient à tout gouvernement qui respecterait l'inviolabilité de leur traitement? De pareilles recrues grossissent bien une armée, mais sans la fortifier. Quant à la facilité avec laquelle on proclame la république dans les départemens, elle n'a rien non plus de concluant, et les journaux républicains qui invoquent ce fait, comme un acquiéscement suffisant au principe républicain, oublient qu'à ce titre le gouvernement de Louis-Philippe aurait l'avantage sur celui de la République, car il n'alla pas chercher des adhésions dans les provinces, des députations les lui apportèrent. Quel est, depuis cinquante ans, le pouvoir à qui ces acclamations auxquelles les partisans ou les courtisans du pouvoir triomphant prennent seuls part, aient manqué, et quel est celui dont elles auront prolongé la vie d'un seul jour? Le gouvernement provisoire s'étant présenté dans la crise, comme une commission d'ordre public, personne n'a voulu gêner son action : on le laisse proclamer tout ce qu'il veut proclamer, et nul doute que toute autre forme de gouvernement proposée par lui eût été, au moins, aussi favorablement et aussi complètement accueillie, en attendant la convocation de l'assemblée générale. Pourvu que l'ordre matériel soit préservé et la nation convoquée, la société française attache assez peu d'importance au reste.

Hier encore le parti républicain était un îlot perdu dans cette vaste mer qu'on appelle la société française ; de ce qu'on a étendu à la mer le nom de l'îlot, il ne s'ensuit pas que la France ait subi une métamorphose générale dans l'espace d'une nuit. Il est moins facile de changer les hommes et les choses que les noms.

Nous ne nous exprimons point ainsi pour décourager le parti républicain, mais pour lui indiquer la seule voie où il peut marcher avec honneur pour lui, avec avantage pour la France. Il a foi en ses principes, nous l'en honorons, c'est toujours quelque chose de noble en soi que la foi politique. Mais nous voyons avec peine qu'il s'attache un peu trop à la forme, au lieu d'aller au fond des questions, et qu'il manque de la première qualité des politiques et des poètes, l'invention. Les reprises ne valent rien en histoire. Il faut des idées nouvelles pour des temps nouveaux. Le parti républicain ne peut recommencer 93. Il n'en a ni la volonté, ni le pouvoir. Il n'y a, en 1848, ni noblesse, ni émigration, ni Coblentz , ni guerre civile, ni guerre étrangère , ni souvenirs récens de l'ancien régime , ni propriétés nobiliaires. La terre est divisée en dix millions de parcelles, et, derrière chacune de ces parcelles, il y a un propriétaire armé d'un fusil. La propriété s'appelait autrefois *privilége*, elle s'appelle *droit commun*, son mot d'ordre était *caste* ; son mot d'ordre est *légion*. La république ne peut exister dans une pareille société qu'à condition d'être douce, rangée, honnête, tranquille, d'améliorer la situation générale et les situations particulières, d'ouvrir sans cesse une main pleine d'innovations utiles et d'idées civilisatrices. Qu'ont fait jusqu'ici les républicains pour se montrer à la hauteur de cette situation? Ils sont allés chercher, dans le dictionnaire des étiquettes de feu la république une et indivisible, le protocole de 93 et de 94, les devises et les fêtes républicaines, les emblêmes républicains. Citoyen ministre, citoyen président, salut et fraternité, liberté, égalité, fraternité, cérémonial républicain du gouvernement provisoire, échange de harangues républicaines avec les cours, le conseil d'Etat, les parquets, ce n'est point là faire de la république, c'est jouer à la république, pendant que le gouvernement provisoire joue au gouvernement.

Nous ajouterons une observation, c'est que le parti républicain aurait bien fait, pour l'honneur de notre pays, de laisser les corps constitués, comme la cour de cassation, les tribunaux et le conseil d'Etat, attendre la décision de la Nation, avant de leur demander, pour la république, les acclamations qu'il y a peu de mois ils donnaient à la monarchie bâtarde du juste-milieu. Quand la

Nation aura prononcé, tout le monde pourra se soumettre avec honneur, en gardant dans le sanctuaire de sa conscience, des croyances politiques qui ne relèvent que de Dieu. Mais jusque là, il y a quelque chose de triste pour la dignité humaine dans le spectacle de ces palinodies ou, si l'on aime mieux, de ces conversions si soudaines et si complètes. Nous ne voyons pas ce que la république y gagne en force, mais nous ne voyons que trop bien ce que la justice y perd en respect. Que veut-on que le monde pense de nous, en entendant retentir dans le sanctuaire de la justice, ou l'écho répète encore les derniers bruits des protestations de fidélité à la monarchie de juillet, ces harangues républicaines, bégayées par des bouches chaudes encore des suprêmes paroles de dévoûment envers une autre forme de gouvernement ? Quel spectacle que ces magistrats blanchis sous le harnais venant protester entre les mains de M. Louis Blanc, le jeune écrivain démocrate, de leur dévoûment pour le principe républicain qu'ils eussent condamné la veille ! Quelle garantie pour la république que de s'entendre promettre l'éternité par ces faux prophètes qui prédisaient, hier encore, l'éternité à la dynastie tombée !

On pourrait en dire autant de cet empressement à multiplier les devises et les emblêmes républicains sur les murailles de nos édifices, à la manière de ces enfans qui écrivent dix fois leurs noms sur un objet, pour être plus sûrs d'en rester propriétaires, et de l'innocente satisfaction que l'on se donne en changeant les noms de nos colléges et de nos rues. Il faut avoir de grands loisirs ou une singulière superstition sur la puissance des mots, pour songer, dans les circonstances où nous sommes, à de pareilles misères. Citoyens, tâchons de nous entendre. Le passé de la France est ce qu'il est : il n'y a pas de puissance rétroactive en histoire. On ne peut empêcher que la France ait vécu ses bons et ses mauvais jours, pendant quatorze siècles, sous la monarchie ; que son territoire, sa nationalité, sa langue, sa puissance , se soient formées sous l'empire du principe monarchique. Dès lors, nous comprenons mal la proscription des noms de Henri IV et de Saint-Louis. Henri IV qui délivra la France de l'invasion espagnole et qui voulait donner au peuple la poule au pot, nous paraissait un prince assez populaire pour donner son nom à un collége, même sous la république. Saint Louis, ce serviteur des faibles, des souffreteux et des petits, qui faisait dîner les indigens à sa table, lavait les pieds des pauvres et, les baisait après les avoir lavés , nous paraissait avoir pratiqué l'égalité presqu'aussi bien que ceux qu'on appelle les républicains de la veille.

Quant à la suppression de la noblesse, sans vouloir attribuer plus d'importance qu'il ne convient à cette mesure rétrograde, nous dirons qu'elle peut aller de pair pour le reste. Lorsque la noblesse entraînait, au profit de ceux qui en étaient exclus, des priviléges contraires aux principes de l'égalité civile et politique, nous comprenons qu'on portât le niveau de la loi sur la noblesse. Mais aujourd'hui qu'est-ce que la noblesse? Au point de vue de l'intérêt de l'État, c'est une monnaie d'honneur avec laquelle on paie les services rendus. En supprimant cette monnaie, on ôte à la nation une manière honorable et en même temps peu dispendieuse de s'acquitter. Au point de vue des intérêts particuliers, c'est une propriété morale, acquise par les pères, souvent au prix de leur sang, et transmise aux enfans comme un reflet de l'illustration paternelle. Quoi! vous trouvez juste que l'égoïsme, qui n'a songé qu'à lui-même, transmette, de génération en génération, une fortune pécuniaire, gagnée par des moyens plus ou moins licites, et vous trouvez injuste que le dévoûment qui s'est immolé à la patrie, transporte, de génération en génération, une fortune de gloire? La moisson arrosée de sang est-elle donc une propriété moins sacrée que la moisson arrosée de sueurs? Lorsque Kellerman arrêtait l'invasion de la France à Valmy, quand Ney protégeait de sa poitrine la retraite de notre armée sur les bords de la Moskowa, ou quand cet immortel Montmorency prenait dix étendards de sa main à la bataille de Bouvines, vous ne voulez pas admettre qu'ils conquéraient, non des priviléges, personne n'en veut aujourd'hui, mais une illustration qui devait rayonner sur leurs derniers descendans? Ce sont là de mauvaises, d'étroites et de jalouses pensées. Ne dites pas qu'il n'y a plus de noblesse en France, dites que toute la France est noble, et vous aurez mieux dit ; car le cœur de ce grand peuple est la source intarissable des actions héroïques, des sentimens sublimes et des nobles dévouemens.

Que voulez-vous? La perception de la haute pensée qui inspire de pareilles exclusions, nous a toujours manqué. Nous aurions voulu que, sous la monarchie, on élevât des statues à Hoche, Desaix, Joubert, Jourdan, et à tous les jeunes héros qui partirent les pieds nus pour aller défendre la république. Nous avons admiré sous tous les régimes l'immuable Boissy-d'Anglas, approchant respectueusement ses lèvres de la tête coupée de Féraud, qu'une main hideuse lui présentait sanglante et livide, et nous avons toujours senti des larmes d'admiration nous venir aux yeux, au souvenir de l'intrépide Lanjuinais, défendant seul la Gironde qui s'abandonne elle-même, et, imposant silence aux insulteurs qui lèvent sur lui leurs mains menaçantes, par cette admirable parole : « Quand les anciens conduisaient les victimes au sacrifice, ils les couronnaient de fleurs; ils ne les insultaient pas. » Quand nous entendons un grand nom, quand nous voyons une belle action, nous ne disons pas : « Est-ce la république ? », ou bien : « Est-ce la monarchie? » ; nous disons : « C'est la France ! ». Encore une fois, il nous manque un sens pour comprendre les grandes pensées auxquelles on a cédé, en proscrivant les noms les plus éclatans de notre histoire, comme si nous étions une nation née d'hier, nouvellement assise au banquet des sociétés humaines, et réduite à la condition de ces bâtards qui ne peuvent nommer tout haut leurs pères! Tâchons de faire mieux que les nôtres, si nous le pouvons, mais ne les renions pas. Ayons, non le patriotisme exclusif d'un jour, mais le patriotisme de tous les temps, et saluons, à travers les siècles, ces illustres ouvriers de la grandeur nationale, nos frères de l'autre côté des âges, qui ont apporté leur pierre, de génération en génération, à ce magnifique monument qu'on appelle la France.

Il faut dire, sans circonlocution, le mot qui sert. Toutes ces misères ont leur source dans le sentiment que les républicains constituans ont de leur faiblesse numérique en France. C'est pour cela

qu'ils cherchent tous les moyens de compromet-
tre la France avec la république. D'abord, au
lieu de l'interroger, pour savoir si elle la veut, ils
la font proclamer, en attendant la réponse de la
France consultée : de sorte que le droit de la nation se borne à souscrire à ce que les dictateurs
de Paris lui imposent, et que, chose étrange !
nous nous trouvons avoir un gouvernement provisoire qui fait des choses définitives. Comme si
c'était trop peu encore, certains ministres, et
même certains membres du gouvernement provisoire, rédigent des circulaires dans lesquelles ils
invitent les fonctionnaires publics à exercer une
action sur les électeurs, pour les faire voter dans
le sens du gouvernement : de sorte que le système
des influences électorales reparaît au sortir des
barricades, sous lesquelles il semblait devoir être
resté enseveli. S'agit-il de faire une loi d'élections? au lieu de chercher la plus propre à assurer la manifestation sincère et complète de la volonté nationale, on cherche la plus propre à assurer la domination des commissaires du gouvernement et des clubs, afin d'obtenir une majorité
qui, façonnée par eux, arrive pour adhérer à la
république. Les inconvéniens sans nombre, les
difficultés, j'allais dire les impossibilités que ren-
contrera, dans l'application, le scrutin par liste,
n'arrêtera point les républicains constituans. Ils

cherchent la république dans la loi d'élection, au lieu d'y chercher la France. Enfin, quand, avertis probablement par les correspondances de provinces, que les idées républicaines n'y jouissent pas d'une très grande faveur, ils sont obligés de prévoir le cas où l'assemblée qui sortira des élections n'aura point de convictions républicaines, ils menacent d'avance dans tous les journaux cette assemblée nationale d'un coup d'état parisien.

Voici qui est étrange! En droit, les républicains constituans entendraient-ils par souveraineté nationale l'assujétissement de toute une nation à sa capitale? En fait, croient-ils être maîtres de Paris? Singuliers défenseurs de la liberté que ceux qui n'en permettraient l'usage qu'à condition qu'on s'en servirait pour leur obéir, et qui croiraient qu'on enferme tout une grande nation dans le cercle d'une théorie, comme cet envoyé romain enfermait le monarque tremblant, qui n'osa sortir du cercle tracé par Popilius avant d'avoir juré d'obéir! Ainsi ces sévères accusateurs de l'octroi royal octroieraient la république à la France. Par je ne sais quel droit divin nouveau, inauguré sur les barricades de février, ils seraient les propriétaires de la nation, dont ils régleraient les destinées à leur gré, et huit millions d'hommes devraient s'incliner devant cette petite aristocratie de la démocratie!

Si la République naissait en France sous de pareils auspices, si, sortant d'une loi d'élection faite *ad hoc*, ou imposée à l'assemblée par l'intimidation, elle s'établissait sans être ni dans les intérêts ni dans les mœurs de la France, son horoscope ne serait pas difficile à tirer. Il y aurait antagonisme d'abord latent, ensuite visible, éclatant, entre la république officielle que l'on aurait établie et les intérêts réels du pays. Cet antagonisme amènerait des situations difficiles, des perturbations courtes, mais fâcheuses, des embarras financiers permanens, au lieu d'être transitoires comme ceux que la crise de février a suscités. Quand la république, ainsi instituée, aurait blessé la majorité des intérêts, ces intérêts réagiraient contre elle, et, comme dans la société du XIXe siècles, les intérêts sont la force prépondérante, la république serait promptement emportée par leur réaction et disparaîtrait sans retour. De sorte que les hommes dont nous parlons, auraient tué leur idéal en voulant le faire vivre. Au lieu d'être une espérance, il ne serait plus qu'un souvenir condamné par cette suprême et décisive expérience.

Voyez déjà ce qui se passe. Pour avoir imprudemment évoqué, des gouffres du passé, le spectre de la République, avant de consulter la France, pour avoir soutenu cette première violation des

libertés générales par des actes excessifs, des circulaires imprudentes et dictatoriales, on a ébranlé
le crédit jusques dans ses fondemens. Le firman
républicain de M. Ledru-Rollin, ce grand visir de
l'intérieur, et les articles menaçans de quelques
journaux qui accusent de trahison ou d'intrigue
ceux qui ne pensent pas comme eux, ont fait tomber les fonds publics plus que ne l'aurait pu faire
une bataille perdue. L'argent a peur et se cache.
Chaque jour on apprend que quelques unes de nos
grandes maisons de banque, semblables à ces îlots
que la mer du crédit laisse à sec en se retirant, a
cessé ses payemens. Le commerce est comme sus-
pendu. Le travail, ce patrimoine du peuple, s'arrête. L'inquiétude règne partout. La Banque est
contrainte de ne changer que, jusque dans une
certaine proportion, ses propres billets. Pensez-
vous qu'on puisse aller long-temps ainsi? Vous
parlez des droits du peuple ; mais c'est vous qui
les violez, car le peuple n'est probablement pas à
l'Hôtel-de-Ville seulement, il est partout. Vous
parlez des intérêts du peuple, mais c'est vous qui
les compromettez ; si l'ordre est la richesse des
classes moyennes, il est la vie même du peuple
qui meurt quand le défaut de confiance restreint
la consommation qui est le régulateur du travail.
Prenez garde, le peuple de 1848 ne ressemble
pas au peuple de 1793, ce souverain hâve et dé-

guenillé que Robespierre nourrissait d'illusions, pour le lancer à la poursuite de vains fantômes. Le peuple de 1848, plus éclairé et moins passionné, aspire au bien-être que les théoriciens des écoles socialistes lui ont promis. Il se retournerait lui-même contre ses conducteurs, s'il s'apercevait qu'ils empirent sa situation, au lieu de l'améliorer, ce qui ne manquerait pas d'arriver, si l'on continuait à faire fausse route.

Il est à désirer que l'ancien parti républicain sorte sans tarder de cette mauvaise voie, et qu'il juge sa situation et celle de la France à leur véritable point de vue. Si la France est vraiment républicaine, tous les soins qu'il prend sont superflus, et, si elle ne l'est pas, infructueux. Il n'appartient à aucun parti de transformer une nation. Pour faire quelque chose de durable et de fort, il faut se borner à l'interroger pour savoir ce qu'elle est. On ne fait point une république pas plus qu'une monarchie ; on la déclare quand elle est dans les intérêts, dans les besoins, dans les idées, dans les mœurs, dans la volonté d'un peuple. Tout ce qui est factice est nécessairement précaire et transitoire.

Nous ne disons pas que la France ne permettra point cette grande expérience de la république qu'on lui propose ; elle peut avoir intérêt à la permettre, elle peut vouloir aller au fond de ces théories, pour chercher si elles contiennent réellement les avantages annoncés par les apôtres de la république. Mais alors la république ne sera instituée que parce que la France le voudra, comme elle le voudra, tant qu'elle le voudra , et l'ancien parti républicain, au lieu de se jeter dans des violences de paroles maladroites, doit songer à se conduire, dans cette expérience, de manière à se concilier définitivement la confiance et l'estime de la France. Le gouvernement d'un pays comme le nôtre est une redoutable énigme ; malheur aux OEdipes maladroits qui ne savent point la deviner ! le sphynx les précipite dans l'abîme. Ce n'est pas tout que de proclamer des principes de gouvernemens, il faut gouverner, c'est à dire élever son pays au plus haut degré de perfection intellectuelle et morale, de bien-être matériel, de grandeur extérieure. Le gouvernement républicain, comme tout autre gouvernement, n'est possible en France qu'à ce prix. Il serait singulier que nous fussions obligés de rappeler à l'ancien parti républicain ce que Massillon disait à Louis XV : « Les nations ne sont point faites pour les gouvernemens ; ce sont les gouvernemens qui sont faits pour les nations. »

Il ne faut pas que ce qui est arrivé, il y a cinquante ans, trompe personne. La république de 93 serait de notre temps un anachronisme impossible à réaliser. Les reprises réussissent encore moins en politique qu'en histoire. Aucune ressemblance ne peut exister entre les deux républiques, parce qu'aucune ressemblance n'existe entre la société de l'ancien régime et celle-ci. Cette fois, point de priviléges, point d'émigration, point de Coblentz, point de guerre civile à l'intérieur, point de biens nationaux, point de guerre de principes au dehors; par suite, point d'aliment pour la passion révolutionnaire. Or, comment faire brûler la flamme quand les alimens lui manquent? Au lieu de cela, nous l'avons déjà dit et nous le répétons, parce qu'on ne saurait trop le redire, une société profondément nivelée par le principe d'égalité écrit au Code civil, le sol partagé en dix millions de parcelles, derrière chacune desquelles il y a un propriétaire armé d'un fusil; tous les partis unis pour la défense du territoire, les intérêts d'ordre descendant dans les profondeurs des classes populaires, une nation tout entière armée pour défendre ses intérêts, tous les Français disposés à aider loyalement le gouvernement républicain, comme tout autre gouvernement, dans tout ce qu'il fera pour assurer à tous les garanties des droits, des biens et des libertés dont la jouissance est le but des sociétés humaines, mais également décidés à défendre ces garanties et ces biens contre tous les gouvernemens qui voudraient les violer.

En face d'une situation semblable, l'ancien parti républicain n'a évidemment qu'une chose à faire, c'est de renoncer à des menaces qui ne sont dangereuses que pour lui seul, parce qu'elles lui aliènent les esprits, en alarmant les intérêts, de laisser de côté ce langage de violence qui n'est plus de mise dans notre époque, et de rendre la république de 1848, bienfaisante, douce, aimable à tous, car ce n'est qu'à ces conditions que la France et ce Paris même, dont quelques journaux menacent la France, accepteraient d'une manière définitive, la forme républicaine. L'ancien parti républicain, en effet, n'est pas plus maître de Paris qu'il n'est maître de la France. Paris, à l'instar de la France, est prêt à aider le gouvernement républicain dans ce qu'il fera d'utile aux intérêts moraux et matériels de la nation, de grand, de juste, de vraiment libéral. Mais les républicains n'auraient Paris pour second dans aucune des violences et des fautes auxquelles ils se laisseraient entraîner. De toutes les villes de France, Paris est la plus intéressée à l'ordre, puisque c'est le grand centre de la richesse, du commerce et du luxe. Quiconque trouble l'ordre, alarme le crédit, et arrête ainsi le mouvement des affaires et la grande roue du travail, est l'ennemi personnel de Paris.

Ce qui trompe un certain nombre de républicains, c'est la facilité avec laquelle le dernier gouvernement a été renversé. Ils ne se rendent pas assez compte des motifs qui leur ont donné une partie de la population pour auxiliaire, et parce qu'elle s'est mêlée dans les journées de février à la lutte, ils en concluent qu'ils en disposeront aussi souvent qu'ils voudront, et quelle que soit la nature des circonstances. C'est là une grave erreur. Ce qui a fait la puissance du dernier mouvement, c'est qu'il a été commencé au cri de *Vive la Réforme*, contre un détestable gouvernement. L'indignation populaire justifiée par les turpitudes de la politique de Louis-Philippe, la désaffection de la garde natio-nale développée par le spectacle des corruptions, se sont rencontrées, l'une plus spécialement pour frapper, l'autre pour abandonner le gouvernement de 1830, et l'occasion a fait le reste. L'ancien parti républicain a été fort, parce qu'il s'est trouvé encadré dans un mouvement national. La nation a été avec lui, parce qu'il a été avec la nation ; il tomberait dans une dangereuse méprise, s'il en concluait qu'il trouverait la même connivence dans la population de cette immense cité, et dans sa garde nationale qui, aujourd'hui qu'elle contient, dans ses cadres élargis, tous les citoyens, en est l'ex-pression armée, non plus contre un gouvernement anti-français et corrompu, mais contre la France elle-même, et contre les grands intérêts d'ordre qui sont le premier besoin de Paris. En agissant ainsi, l'ancien parti républicain se trouverait avoir reculé des journées de février 1848, aux journées de juin 1832. Si les 23 et 24 février ont prouvé ce que Paris savait faire pour la liberté, les journées qui ont suivi ont prouvé ce qu'il savait faire pour l'ordre, et il ne serait pas plus prudent d'oublier les journées de l'ordre que celles de la liberté. La république de 1848 doit donc réaliser ce que celle de 93 avait promis ; elle doit en outre tenir son titre d'investiture de la France réellement consultée ; elle doit améliorer la condition de l'homme, lui garantir l'exercice de ses facultés et de ses droits; si elle ne remplissait pas ce programme, elle perdrait sa raison d'être. L'exemple récent de la chute de l'établissement batard de juillet, dit plus haut que nos paroles, ce que pèse un gouvernement qui n'est pas établi sur la base inébranlable de la volonté nationale et quel secours lui apportent les majorités frauduleuses et les fictions constitutionnelles.

Un mot maintenant à cette multitude immense de citoyens qu'on désigne dédaigneusement aujourd'hui sous le nom de républicains du lendemain, et qui appartiennent par leurs opinions à la gauche, au centre gauche, et aux nombreux bataillons de l'ancien parti conservateur ; nous parlons de la portion honnête de ce parti, qui restant en dehors des tripotages des créatures de la dynastie tombée, soutenaient en détournant la tête, le pouvoir, en haine de l'anarchie. Tous les hommes qui appartenaient de près ou de loin, par leurs opinions, à ces anciens partis, et qui forment une masse compacte, dont la puissance est grande, ont à accomplir une mission importante qui leur est commune avec les républicains raisonables et les hommes de la droite. Assez long-temps on s'est battu pour des noms et pour des enseignes, il est temps d'entrer dans la pratique des choses. Ce n'est plus l'intitulé du livre qu'il faut faire, c'est le livre même. Au dessus de toutes les questions de gouvernement, il y a des questions d'organisation sociale, politique, nationale, qu'il faut trancher, des principes imprescriptibles de liberté générale et individuelle qu'il faut mettre en pratique dans des institutions entourées d'inviolables garanties. Avant de construire le couronnement de l'édifice, ne faut-il pas assurer l'édifice sur ses bases naturelles, et partir des fondations pour arriver au faîte, au lieu de descendre du faîte au fondations? Le fond ne doit-il pas déterminer la forme? En d'autres termes, n'est-il pas nécessaire de rédiger en lois les droits et les libertés imprescriptibles de la nation avant de chercher par quelle méthode la nation, ainsi organisée, remplira le plus avantageusement les fonctions les plus importantes de la vie sociale et nationale? Les gouvernemens, en effet, ne sont que des méthodes appropriées au caractère, aux nécessités territoriales et autres, au tempérament de chaque peuple, et les méthodes ne viennent qu'après les principes et les élémens de la science.

Cette remarque est importante et nous la recommandons aux méditations des hommes honnêtes, quelle que soit d'ailleurs leur opinion. Ce qui a produit le dernier renversement auquel nous venons d'assister, c'est la précipitation qu'on avait mise, en août 1830, à trancher la question de gouvernement, au lieu d'organiser la société et d'assurer à tous la jouissance de leurs libertés par des institutions nationales. Que les fautes du passé servent du moins à éclairer le présent et à préserver l'avenir. Travaillons tous à rendre désormais impossible la dictature d'un parti qui serait bientôt suivi de son inévitable chute, et à asseoir sur le roc l'autorité incontestable et incontestée de la société française. Travaillons tous à faire servir cette autorité à l'établissement de toutes les libertés, à la garantie de tous les droits dont la jouissance est le but des sociétés humaines. Avant d'être républicain ou royaliste, je suis homme, père, habitant de ma commune, de mon département, citoyen de mon pays, contribuable, justiciable, administré, propriétaire d'un héritage ou du moins de mon temps, de mon travail et de mon intelligence, et j'ai besoin que tous les droits correspondans à ces divers points de vue de mon existence, me soient garantis; je dois, je veux avoir la jouissance de tous mes droits, le libre exercice de toutes mes facultés. Voilà la première des nécessités à laquelle il importe de pourvoir; vienne ensuite la forme de pouvoir qui me garantira le mieux, dans le pays où je suis né, ces biens précieux, elle sera la bien venue.

Nous aussi, hommes de la droite, toujours invariables dans nos principes, mais résolus à ne jamais devenir un obstacle au bien que ceux qui ne les partagent point voudront faire à la France, nous entrerons dans ce grand mouvement. Que demandions nous depuis tant d'années, avec une persistance infatigable? la convocation de la nation. Nous avons dit, nous avons répété qu'il fallait que la France fut appelée à régler ses destinées; que l'ordre n'aurait de bases solides, la liberté de garantie efficace, que lorsque la France aurait fait entendre sa voix. Nous en avons appelé de tous les actes d'arbitraire à la nation consultée. Nous avons combattu toutes les lâchetés, toutes les concessions faites à l'étranger, toutes les hontes, toutes les dilapidations. tous les attentats contre la liberté. Nos mains sont pures de toutes les souillures de la corruption et de la vénalité; elles ne se sont ouvertes que pour verser dans les gouffres insatiables des budgets du gouvernement de Louis-Philippe ; jamais pour y puiser. Nous avons déploré et partagé tous les malheurs de la France; nous avons protesté aux dépens de notre liberté et de notre fortune, contre ceux qui l'ont exploitée, humiliée et amoindrie.

Notre position, dans les circonstances actuelles, n'est donc pas celle de vaincus. Cette convocation de la nation, si long-temps désirée par nous, si instamment et si vainement demandée, voici qu'elle est devenue nécessaire, inévitable, imminente. Les idées que nous avons proclamées triomphent. Oui, nous étions vaincus, quand le monopole électoral que nous combattions laissait toute la population en dehors de la politique. Oui, nous étions vaincus, quand l'usurpateur Louis-Philippe, placé sur le pavois par une poignée de députés, se disait appelé par le vœu national. Oui, nous étions vaincus avec et comme la France, quand son honneur était compromis, son budget mis au pillage, sa diplomatie agenouillée devant l'étranger. Mais, maintenant que toutes nos prévisions sur ce déplorable gouvernement se sont réalisées, que notre longue et irréconciliable opposition est justifiée, que le charme qui avait égaré tant d'esprits est rompu, que tout le monde sanctionne notre réprobation et partage notre mépris pour ce qui vient de tomber, maintenant surtout que l'on va consulter la France, nous ne sommes pas vaincus. Nous nous relevons avec la France.

Notre marche se trouve naturellement tracée par tout ce que nous avons fait jusqu'ici. Il faut entrer hardiment et résolument dans ces élections générales que nous avons appelées de tous nos vœux. Toutes les barrières qui avaient arrêté jusqu'ici un grand nombre de nos amis, sont levées. Nous n'avons plus en face de nous que la France. Qu'elle soit donc enfin maîtresse de ses destinées, cette grande France si long-temps opprimée par les partis et tant de fois indignement trompée par ceux en qui elle avait mis sa confiance. De dangers, il n'y en a qu'un, c'est que les élections générales soient faussées. Des dangers, il n'y en a qu'un, c'est la peur du danger. Arrière la peur avec son cortége de fantômes ! Dans les circonstances où nous sommes, la peur est plus qu'une honte, c'est un crime. L'abstention des honnêtes gens a été, dans tous les temps de notre histoire, une calamité publique. Qu'ils comprennent donc qu'aujourd'hui plus que jamais l'action est un devoir pour eux. Que les honnêtes gens emploient tous leurs efforts à triompher des défectuosités de la loi promulguée par le gouvernement provisoire, et à assurer la liberté et la sincérité de ces élections ; que partout ils se présentent, qu'ils se montrent, qu'ils agissent, qu'ils révèlent à la

France les trésors d'amour qu'ils ont pour elle au fond de leur cœur, la ferme résolution où ils sont de se soumettre à sa volonté réellement consultée, librement exprimée. Qu'ils choisissent les candidats qui seront décidés à faire passer avant tout les libertés essentielles de la France. Peu importe les hommes du lendemain ou ceux de la veille, ce qui importe, c'est d'avoir des hommes qui veuillent assurer à la France les garanties auxquelles elle a droit ; à tous les Français la jouissance de ces libertés pratiques qui sont leur patrimoine inaliénable. Disons-nous le bien, tous tant que nous sommes, déserter le champ de bataille pacifique qui va s'ouvrir, ce serait un suicide, ce serait en même temps un crime contre la France.

Il y a ici plus qu'un droit à exercer, il y a un devoir à remplir. Il s'agit de quelque chose de plus important encore que l'établissement d'un gouvernement, il s'agit, nous l'avons dit, d'organiser les libertés essentielles de la France sur des bases inébranlables ; il faut qu'elle s'administre librement dans ses municipalités affranchies d'odieuses entraves, qu'elle soit assurée d'une représentation universelle de ses intérêts dans les assemblées générales nommées par tous les citoyens; que le droit d'association, la liberté individuelle, la liberté de la pensée, la liberté religieuse, soient non seulement des théories proclamées dans la préface de la constitution, mais des biens pratiques dont la nation jouisse d'une manière effective. Il faut que les classes populaires, ces déshéritées de la civilisation, aient leur place au grand banquet de la patrie, et que le soleil de l'enseignement se lève sur elles, afin de dissiper l'ombre dans laquelle une indifférence coupable les a laissées. Désormais, une des grandes préoccupations, nous allions dire la principale préoccupation du gouvernement, doit être d'améliorer la situation morale et matérielle des classes laborieuses, d'ouvrir une issue aux capacités qu'elles contiennent, d'élever sans cesse le niveau national.

Faisons quelque chose de plus que d'écire la fraternité sur les murailles de nos monumens, écrivons-là dans nos lois, et surtout, ouvrons-lui nos cœurs. C'est alors qu'elle deviendra vraiment féconde. Pour nous autres chrétiens, la fraternité est plus qu'un dogme polique ; c'est un devoir religieux, c'est le penchant naturel de nos âmes. Tout l'Évangile est dans ce mot : « Aimez-vous comme des frères. » Et dans cet autre : « Le premier d'entre vous sera le serviteur de ses frères. » La république est là, la véritable république c'est le christianisme appliqué. Ne disputons pas sur les mots, assurons les choses. Que les riches et les puissans se disent qu'ils sont serviteurs des pauvres et des faibles ; que le gouvernement se regarde comme le serviteur de la société ; alors nous serons en république, quelque forme de pouvoir que la France adopte; dans le cas contraire, la république n'existerait jamais que de nom, ce ne serait qu'un vain titre et une enseigne menteuse, car, si elle existait dans les lois, elle n'existerait pas dans les cœurs.

C'est avec le cœur rempli d'une patriotique espérance que nous terminons ces pages. Des fautes ont été commises par l'ancien parti républicain, qui, cédant à une tentation séduisante, à laquelle il eût été beau de résister, a entraîné le gouvernement provisoire à proclamer prématurément la république, au lieu de consulter préalablement la France. Des fautes ont été commises par le gouvernement provisoire qui a obéi à cette exigence qu'il aurait dû repousser avec une fermeté toute civique, et dont un membre a récemment méconnu le respect dû à la majesté de la nation française, dans une circulaire dictatoriale qui semble avoir été oubliée dans le portefeuille du ministre de l'intérieur par M. Duchâtel. Ces fautes sont graves, mais elles ne sont pas irréparables; elles ont entraîné d'autres fautes de détails que nous avons signalées, et une faute capitale, la promulgation d'une loi d'élection, dictée par l'intention non équivoque d'assurer la domination de l'ancien parti républicain sur les opérations électorales.

Néanmoins, et malgré toutes ces fautes, nous espérons. Nous espérons, car si quelques uns des actes du Gouvernement provisoire ont été de nature à affliger les amis du pays, il y a eu aussi de nobles initiatives prises par plusieurs de ses membres, à la tête desquels nous aimons à placer un homme envers qui nous serons justes dans la louange, comme nous croyons avoir été justes envers lui dans la critique. Le beau et courageux discours de M. de Lamartine contre le drapeau rouge, et son dernier manifeste sur la liberté des élections, lui seront comptés dans l'histoire, ainsi qu'à ses collègues qui marchent avec lui dans cette voie. La popularité est une grande et sainte chose quand elle donne l'audace de la vérité et la puissance de la justice. Nous espérons, car si le mouvement des journées des **22, 23, 24** février a prouvé que tout pouvoir ennemi de la liberté ne pouvait s'acclimater en France, le mouvement qui a suivi ces journées a prouvé que l'ordre était en France aussi puissant que la liberté, et que tout gouvernement qui ne donnerait pas de garanties à l'ordre, était impossible. La France ne doit craindre aucun parti, le parti républicain pas plus qu'un autre. Il y a quelqu'un de plus fort que le parti le plus puissant, c'est tout le monde, et tout le monde veut l'ordre en France, comme tout le monde veut la liberté. Nous persistons donc à espérer.

Ou nous aurons une république qui respectera l'ordre et lui donnera les garanties dont il a besoin, ou la république ne fera que passer après une épreuve surveillée par les immenses intérêts d'ordre qui existent dans cette société et qui forment les cadres de la garde nationale. Dans l'un et l'autre cas l'avenir n'appartient à aucun parti, il appartient à la France.

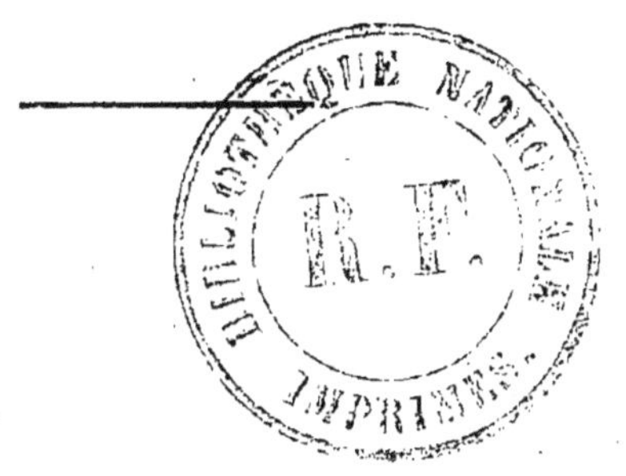

www.ingramcontent.com/pod-product-compliance
Lightning Source LLC
Chambersburg PA
CBHW061802050726
47598CB00002B/835